# FALE COM OS

**Dados Internacionais de Catalogação na Publicação (CIP)**
**(Câmara Brasileira do Livro, SP, Brasil)**

Bader, Silke
    Fale com os anjos : inspirações da sabedoria
angélica para animar o seu dia a dia / Silke Bader ;
tradução Zilda Hutchinson Schild Silva. --
São Paulo : Pensamento, 2011.

    Título original: Schutzengel-Impulse.
    ISBN 978-85-315-1743-3

    1. Anjos I. Título.

11-06567                                                    CDD-133

**Índices para catálogo sistemático:**
1. Anjos : Esoterismo : Ciências ocultas 133

# SILKE BADER

# FALE COM OS

Inspirações da Sabedoria Angélica
para Animar o seu Dia a Dia

Tradução
Zilda Hutchinson Schild Silva

**Editora Pensamento**
SÃO PAULO

Copyright do texto © 2007 Schneelöwe Verlagsberatung & Verlag.
Publicado mediante acordo com Schneelöwe Verlagsberatung & Verlag, D-87561 Oberstdorf, Germany

Todos os direitos reservados. Nenhuma parte deste livro pode ser reproduzida ou usada de qualquer forma ou por qualquer meio, eletrônico ou mecânico, inclusive fotocópias, gravações ou sistema de armazenamento em banco de dados, sem permissão por escrito, exceto nos casos de trechos curtos citados em resenhas críticas ou artigos de revistas.

A Editora Pensamento-Cultrix Ltda. não se responsabiliza por eventuais mudanças ocorridas nos endereços convencionais ou eletrônicos citados neste livro.

Texto e Ilustrações: Silke Bader
Coordenação editorial: Denise de C. R. Delela e Roseli de S. Ferraz
Revisão: Indiara Faria Kayo
Preparação de texto: Denise de C. Rocha Delela
Diagramação: Macquete Produções Gráficas

O primeiro número à esquerda indica a edição, ou reedição, desta obra. A primeira dezena à direita indica o ano em que esta edição, ou reedição, foi publicada.

| Edição | Ano |
|---|---|
| 1-2-3-4-5-6-7 | 11-12-13-14-15-16 |

Direitos de tradução para a língua portuguesa
adquiridos com exclusividade pela
EDITORA PENSAMENTO-CULTRIX LTDA.
Rua Dr. Mário Vicente, 368 — 04270-000 — São Paulo, SP
Fone: 2066-9000 — Fax: 2066-9008
E-mail: atendimento@pensamento-cultrix.com.br
http://www.pensamento-cultrix.com.br
que se reserva a propriedade literária desta tradução.
Foi feito o depósito legal.

# FALE COM OS *Anjos*

# *Fale com os anjos*

Você gostaria de deixar o seu dia a dia mais animado e caminhar outra vez pela vida com os olhos cheios de admiração e deslumbramento? Nesse caso, este livro é para você. Ele traz 44 mensagens do seu anjo da guarda, transmitidas para orientá-lo ao longo da vida.

Você está convidado a aprofundar sua ligação com o seu amigo espiritual, para que possa receber a dádiva de uma orientação maravilhosa. À medida que acolhe conscientemente o seu anjo da guarda e o convida a participar dos acontecimentos da sua vida, você percebe grandes mudanças positivas na sua vida cotidiana:

- Você começa a prestar mais atenção ao sentido mais profundo dos encontros e situações da sua vida.
- O sentimento de proteção que lhe dá segurança e autoconfiança.
- De repente, você reconhece que há muitas possibilidades à sua disposição para que possa mudar positivamente a realidade da sua vida.
- As energias do seu anjo da guarda criam uma aura de amor e luz em torno de você, transmitindo-lhe um sentimento de alegria e vivacidade.

Quando você se volta para o seu anjo da guarda, abre-se um portal espiritual através do qual ele pode agir na sua vida com mais intensidade e tornar mais evidente a sua presença amorosa. Descubra por meio destas mensagens a dádiva da orientação divina na sua vida e usufrua todas as maravilhas que estão à sua disposição.

# O anjo da guarda e a orientação espiritual

Todo ser humano tem um anjo da guarda que fica ao seu lado durante toda a vida. Amorosamente ele acompanha o nosso desenvolvimento e nos protege dos perigos. O nosso anjo da guarda contribui com a nossa "orientação espiritual", ao lado de outros anjos e seres de luz. Juntos eles formam a nossa "equipe de luz", que nos guia pela vida com sabedoria.

Muitos anjos dessa equipe de luz nos acompanham somente em determinadas fases de desenvolvimento. Quando alcançamos um patamar de consciência, eles se despedem e se retiram do nosso campo áurico. De acordo com os novos trabalhos e avanços que podemos fazer, anjos e seres mais elevados passam a fazer parte da nossa orientação espiritual.

No entanto, o nosso anjo da guarda continua ao nosso lado durante toda a vida. Por isso conhecemos bem a sua energia e podemos incluí-lo a todo momento em todas as questões da nossa vida diária.

# As tarefas do anjo da guarda

Antes de nascermos nesta vida, a nossa alma estabelece um plano de desenvolvimento pessoal. Junto com o nosso anjo da guarda, falamos sobre as nossas lições e o potencial que queremos concretizar. Trazemos para esta vida alguns talentos e capacidades pessoais em estado incipiente e que queremos desenvolver. O desenvolvimento desses talentos e capacidades é o que produz em nós a mais profunda realização.

Por conhecer o nosso plano de vida, o nosso anjo da guarda procura nos orientar com a sabedoria divina e nos preparar para as nossas tarefas de aprendizado. Muitas vezes isso acontece no âmbito dos sonhos, nos quais a comunicação ocorre no nível da alma. Junto com o nosso anjo da guarda, elaboramos as impressões do dia e recebemos as energias de que precisamos para a fase de vida atual e para a realização das nossas tarefas.

Quando cumprimos o que nos propomos, nosso anjo da guarda se alegra conosco, pois tudo o que ele faz por nós também propicia o desenvolvimento dele. Portanto, por meio do nosso desenvolvimento, podemos agradecer ao nosso amigo celestial pelo seu amor incondicional por nós.

# O contato com o anjo da guarda

Para fazer a conexão com o anjo da guarda, não é necessário nenhum ritual especial. Naturalmente, convém escolher um lugar que facilite a sintonização e o contato. Procure sintonizar-se diariamente com a maior regularidade possível, por meio da meditação (bastam 10 ou 15 minutos).

Acenda uma vela e fique em silêncio. Inspire e expire através do chakra do coração com o pensamento "EU SOU luz e amor" e acompanhe o fluxo da sua respiração. Não se trata de evocar sensações na forma de imagens ou sentimentos, mas de ficar em paz e em silêncio. Dessa maneira você aprende a se familiarizar com as vibrações sutis do seu anjo da guarda e a se sensibilizar com o seu próprio canal de percepção. A maioria das pessoas recebe as mensagens através do coração e sente as respostas.

Durante o dia, você pode estabelecer contato com o seu anjo da guarda a qualquer momento. Se quiser, ao fazer isso coloque a mão sobre o coração, para se abrir para a comunicação do coração e voltar-se para o seu mundo interior. Então fale com o seu anjo da guarda como se travasse uma conversa com um bom amigo. Conte-lhe sobre seus sentimentos e peça que ele o apoie na situação que está vivendo atualmente. Tome consciência da sua ajuda e apoio e então descontraia-se, confiante de que foi ouvido. Por meio do seu pedido e receptividade, você permite que o seu anjo da guarda atue na sua vida. Com o apoio dele lhe ocorrerão soluções que sozinho provavelmente você não teria encontrado.

# O nome do seu anjo da guarda

Muitas pessoas têm mais facilidade para fazer contato com o anjo da guarda quando podem chamá-lo por um nome. Por isso, você pode batizar o seu anjo da guarda e lhe dar o nome que lhe parece mais apropriado. Você também pode pedir numa meditação que o anjo da guarda lhe diga a vibração do nome que corresponde a ele. Confie naquilo que você sente e percebe espontaneamente.

O anjo da guarda se mostra para muitas pessoas em sua vibração de cor. Essa cor você pode visualizar e sentir-se envolvida por ela quando estabelece contato com ele.

Pessoas sensitivas podem perceber o seu anjo da guarda por meio de um perfume sutil, que as envolve subitamente e não é perceptível para as outras pessoas.

# As inspirações do nosso anjo da guarda

Estabeleça o contato com o seu anjo da guarda e saiba que ele se comunica com você por meio das vibrações sutis da alma. Você sente a presença dele, portanto, através de uma sensação de amor que o envolve e aconchega. Em muitos momentos você pode sentir um arrepio gostoso ou ficar com a pele arrepiada e uma sensação de profunda sintonia. Essas são as indicações do seu anjo da guarda que o sustentam e fortalecem. Às vezes você também é atingido por um lampejo espiritual que o leva a ter a absoluta certeza de que deve empreender uma determinada ação. Confie nessas intuições, mesmo que muitas vezes elas não pareçam lógicas. A nossa razão é composta pelas nossas experiências de vida e elas nos impõem limites com a intenção de nos poupar de dores e decepções. Portanto, agradeça à sua amiga razão por lhe ser tão útil, mas não se deixe dominar por ela. À medida que você dá espaço à sua alma, a sua razão também pode aprender algo mais e viver novas experiências positivas que aumentem o seu conhecimento.

Quanto mais buscamos o contato com o nosso anjo da guarda, tanto mais íntima é a nossa ligação com ele. É como acontece com uma boa amizade, que se intensifica à medida que demonstramos interesse pela outra pessoa.

Mesmo que de início você pareça não perceber a energia do seu anjo da guarda, não deixe de falar com ele. Você sabe que ele pode ouvi-lo de onde estiver e sua energia se mostrará bem concretamente na sua vida. Quando uma situação difícil da sua vida é repentinamente resolvida e as possibilidades se abrem para você, agradeça também ao seu amigo espiritual.

# *Como você pode usar este livro*

Neste livro você vai encontrar 44 mensagens por meio das quais o seu anjo da guarda pode se comunicar com você. Os temas tratados são assuntos corriqueiros do seu dia a dia, mas as mensagens e imagens falam diretamente à sua alma e remetem às suas qualidades espirituais. Você pode usá-las para alçar sua energia instantaneamente a um patamar de vibração mais elevado. A imagem aprofunda o significado de cada carta e estabelece a ligação com o seu anjo da guarda.

Existem diversas possibilidades para usar este livro.

# Tema do dia

De olhos fechados, escolha um tema para o seu dia e abra numa página ao acaso. Interiorize profundamente a imagem e o conceito central dessa mensagem. Peça ao seu anjo da guarda para fortalecer essa característica em você. Durante todo o dia observe o que se passa com respeito a isso e como você se sente. Deixe a mensagem num local onde possa lê-la muitas vezes. Dessa maneira, você sempre se recordará da qualidade do dia apresentada na página que escolheu.

# Faça uma pergunta ao seu anjo da guarda

Se busca uma visão mais clara de uma situação da sua vida, você pode fazer perguntas ao seu anjo da guarda e lhe pedir respostas por meio das mensagens deste livro. Concentre-se e mentalize a situação da sua vida com toda nitidez. Formule a pergunta ao seu anjo da guarda, porém não de modo que ela possa ser respondida com "sim" ou "não". Lembre-se de que não se trata de uma profecia. Você se abre para as energias vibratórias mais elevadas dos anjos, que o ajudam a ver a situação de uma nova perspectiva, e por meio da sua ação consciente você pode modificá-la para melhor.

Por exemplo, pense na sua situação e pergunte mentalmente: "Como posso modificar esta situação para melhor?" Em seguida, abra uma página ao acaso. Você vai receber uma inspiração com base na qual pode decidir que atitude tomar. Peça conscientemente ao seu anjo da guarda para ele ficar ao seu lado e intuí-lo com relação a essa situação. Acredite firmemente que ele o apoia com as suas energias e agradeça a sua ajuda.

# Escolha duas mensagens ao acaso

Para analisar diferentes aspectos de uma situação, você também pode escolher duas mensagens ao acaso. Formule a pergunta com respeito à situação que está enfrentando. Depois abra duas páginas ao acaso: a primeira lhe mostrará como mudar positivamente a situação no presente. A segunda representa o futuro e lhe mostrará que lição de vida essa situação lhe ensinará.

Para encerrar, agradeça ao seu anjo da guarda com uma breve oração. A gratidão torna você receptivo às dádivas da vida e também alegra o coração amoroso do seu anjo da guarda.

# Uma palavra da autora

Muitas pessoas já obtiveram orientação divina por meio de mensagens angélicas. Fico muito feliz por poder transmitir a ajuda direta e abençoada do nosso amoroso mundo angélico por meio das imagens e mensagens dos anjos da guarda.

Durante minhas criações artísticas, eu me senti profundamente comovida por poder demonstrar visualmente a vibrações amorosas e cheias de humor dos anjos, que se mostraram nitidamente à minha visão interior.

Os anjos gostam muito de inspirar nossos pensamentos e sentimentos, de despertar nossa alegria pela vida e de abrir os nossos olhos para as maravilhas da Criação. Para isso só precisamos deixar livre a nossa criança interior, que nos permite experimentar a vida de uma maneira muito mais criativa e estimulante.

De coração, eu lhe desejo muita alegria e crescimento com as inspirações do seu anjo da guarda, e que a sua vida floresça com muito amor e alegria.

# Inspirações da Sabedoria Angélica

# Aceitação

Meu anjo da guarda me ama como eu sou.

Com gratidão, eu recebo a dádiva de ser aceito e amado incondicionalmente.

Atento, percebo quais partes da minha personalidade eu mesmo não aceito.

Com a força do meu coração, eu as reconheço e liberto.

# Ação

Hoje é dia de me colocar em movimento!

Quando sigo o meu coração, sei exatamente o que fazer.

Peço uma inspiração ao meu anjo da guarda sobre que passo devo dar hoje.

Ele me ajuda a me aproximar um pouco mais do meu objetivo.

## Amor

O amor é um poder celestial.

Meu anjo da guarda hoje toca o meu coração amoroso.

Eu abro o meu coração para receber amor e irradiá-lo para o mundo.

## Aprendizado

A vida é o meu maior mestre.

Amorosamente, o meu anjo da guarda me aponta a lição que preciso aprender.

Estou aberto para o novo e ansioso por saber o que a vida quer me revelar hoje.

# Auxílio

Meu anjo da guarda abre meu coração para as necessidades dos meus semelhantes.

Incondicionalmente, ofereço a minha ajuda e apoio. Na medida em que auxilio, sinto a bênção que existe em dar e receber.

# Aventura

A vida é uma aventura empolgante.

Meu anjo está me convidando para uma viagem ao desconhecido.

Juntos, conhecemos novas paisagens e caminhos que nunca trilhei antes.

Meu coração aventureiro diz que tudo é possível!

# Brincar

Meu anjo da guarda me convida a brincar.

Eu faço algo que me dá alegria e sinto que tudo flui com muita facilidade.

Quando brinco, me sinto vivo e muito mais leve.

# Calma

Hoje me concedo um dia de calma.

Permito que o meu anjo da guarda me abrace amorosamente.

Como o fluxo e o refluxo das marés, eu alterno movimento e repouso, dando à minha vida um ritmo equilibrado, que me beneficia.

# Compartilhar

Hoje meu anjo da guarda me aconselha a deixar o meu coração falar.

À medida que partilho com os outros meus sentimentos, eu enriqueço o meu ser.

Eu me alegro com o contato profundo que se torna possível quando os corações se abrem.

# Confiança

Eu tenho confiança ilimitada na vida, pois sei que sou guiado, protegido e acompanhado pelo meu anjo da guarda.

Com a força da minha confiança, elimino todas as dúvidas pessoais e aceito com gratidão os meus talentos.

A vida me leva à plenitude e só quer o meu bem!

# Criatividade

Meu anjo da guarda fortalece a minha expressão criativa.

Eu ouço a minha intuição e sou convidado a cantar, dançar, pintar ou escrever.

Eu ouso reinventar a minha vida e me alegro com a criatividade que reside em mim.

# Cura

Meu anjo da guarda me irradia vibrações de cura.

Eu me sinto envolvido em luz e proteção.

No amor do meu anjo da guarda, as antigas mágoas do meu coração e os males que afligem meu corpo físico se desvanecem.

## Descoberta

Em mim existem muitos talentos adormecidos à espera do meu despertar.

Meu anjo da guarda me entrega o mapa do tesouro da minha alma e me estimula a trazer à luz os meus dons e talentos.

Eu me surpreendo com a minha riqueza interior e permito que a vida me recompense.

# Descontração

Hoje começo o dia descontraído.

Meu anjo da guarda me convida a fazer uma pausa e relaxar um pouco.

Graças a esse afastamento momentâneo dos meus afazeres me ocorrem novas ideias e lampejos intuitivos.

# Desprendimento

O amor liberta.

Meu anjo da guarda fortalece minha confiança e meu desprendimento.

Entrego a situação nas mãos dos anjos e confio em que tudo será para o melhor.

# Equilíbrio

Meu anjo da guarda me ajuda a descobrir meu equilíbrio nos desafios da vida.

Coração e razão se unem e a aparente oposição se desfaz no meu coração.

Com base no meu coração, eu tomo minhas decisões e avanço com segurança pela vida.

# Expansão

Meu anjo da guarda me ajuda a expandir o meu ser.

Hoje rompo os limites que eu mesmo me impus e expando meus horizontes.

Assumo o lugar que me pertence neste mundo e me alegro com as novas possibilidades que se abrem diante de mim.

# Facilidade

Meu anjo da guarda me dá asas para novas atitudes e projetos.

Facilidade e alegria são as chaves para que tudo dê certo e transcorra facilmente.

Eu fluo com a vida e faço hoje só o que não requer muito esforço.

# Flexibilidade

Eu me alegro com a dinâmica da vida, que me mantém interior e exteriormente em movimento.

    Fortalecido pelo meu anjo da guarda, eu me disponho a enfrentar novos desafios, que me deem a chance de ser versátil. A vida é maravilhosa!

# Fluxo da Vida

Hoje sinto que não devo oferecer resistência.

Meu anjo da guarda me estimula a me entregar totalmente ao fluxo da vida.

Novas experiências me aguardam e devo me deixar surpreender.

## Generosidade

O meu anjo da guarda toca o meu coração amoroso e percebo minha riqueza interior.

Quanto mais amor eu irradio, mais amor flui de volta para mim.

Conhecendo essa lei cósmica, sou mais generoso com todos.

# Gratidão

Meu anjo da guarda toca o meu coração amoroso e eu sinto gratidão por todas as experiências da minha vida.

Com a gratidão do meu coração, atraio o que há de melhor para a minha vida.

# Honestidade

Meu anjo da guarda toca meu coração.

Eu sinto a verdade do meu coração e entro em contato com as minhas convicções.

Hoje presto atenção à força das minhas palavras e sou honesto comigo mesmo e com as outras pessoas.

# Humor

Hoje meu anjo da guarda me faz rir e me aconselha a não me levar tão a sério.

Hoje transmito a alegria que trago em mim para as outras pessoas.

A vida é divertida!

## Inocência

Meu anjo da guarda toca o meu coração e me faz enxergar a essência divina em cada ser.

Eu me alegro com a beleza deste mundo e só vejo o bem em tudo o que existe.

# Inspiração

Meu anjo da guarda me dá novas ideias e inspirações, que influenciam meus pensamentos, sentimentos e ações.

Eu me abro para o fluxo da criatividade que quer se expressar através de mim.

## Juntos

Meu anjo da guarda me torna receptivo ao encontro com meus irmãos de alma.

Quando os corações batem juntos, eu me sinto em casa.

Reconheço o profundo sentimento de união entre os corações e tiro forças disso.

Juntos somos fortes!

# Liberdade

Meu anjo da guarda me conduz para a amplidão e liberdade do meu ser.

Eu me expando e deixo os meus pensamentos e sentimentos fluírem livremente.

Minha alma está livre e eu sei que estou aqui para transformar em realidade os projetos da minha alma.

# Limites

Meu anjo da guarda fortalece a minha aura.

Eu me expando e ocupo o espaço de que preciso para o meu desenvolvimento.

Também presto atenção aos limites dos meus semelhantes.

# Milagres

Eu acredito em milagres.

Entrego os meus sonhos nas mãos do meu anjo da guarda e me deixo surpreender com as possibilidades que a vida me apresenta.

Quando eu espero o melhor, a vida traz para mim o melhor!

# Mudança

É tempo de mudança na minha vida.

Meu anjo da guarda me fortalece para eu aceitar o recomeço.

Rompo antigos hábitos e incorporo o novo à minha vida.

Meu coração me diz exatamente que âmbito da minha vida precisa de renovação.

# Nutrição

Meu anjo da guarda me pede para ouvir os sinais do meu corpo.

Tudo o que nutre o corpo e a alma é bem-vindo.

Eu me alimento com consciência e o meu corpo agradece com vitalidade e força.

# Orientação

Eu confio na orientação do meu anjo da guarda.

Amorosamente, ele me acompanha através da vida.

Estou pronto a abandonar qualquer controle e a me entregar à sua sábia orientação.

Meu anjo da guarda sabe o que é bom para mim e me guia ao meu destino.

# Paz

A paz começa em mim mesmo.

Com meu coração lanço sementes de paz, da qual florescem as flores da esperança.

Com o meu anjo da guarda, abro um caminho de paz na minha vida que permeia todos os meus relacionamentos.

# Prática

Meu anjo da guarda me estimula a cumprir minhas tarefas com paciência e dedicação.

A prática faz o mestre!

Com capricho cumpro meus afazeres, pois com cada um deles posso aprender mais e ser uma pessoa cada vez mais capaz.

# Prazer de viver

Hoje é dia de sentir o prazer de viver!

Meu anjo da guarda me preenche com as energias da leveza e da alegria.

Passo o dia revitalizado e me alegro com as pessoas que encontro.

# *Presente*

Tudo o que eu tenho é o presente.

O passado já passou e o futuro eu moldo conforme o meu presente.

Na dádiva do momento eu recebo as inspirações do meu anjo da guarda.

Mergulho na plenitude do presente, no qual tudo está à minha disposição.

# Proteção

Meu anjo da guarda está ao meu lado sempre que preciso. Eu me sinto protegido e seguro.

Sempre que um perigo me espreita, o meu anjo vela por mim, para que ele se desvie do meu caminho.

# Reconhecimento

Meu anjo da guarda me cumprimenta por todos os avanços que faço na vida, por menores que sejam.

Eu me alegro com esse amoroso reconhecimento e também elogio meus amigos pelos seus sucessos.

# Riso

Hoje o riso me liberta.

Aproveito para tirar dos meus ombros todo o peso que carrego no dia a dia.

Com meu riso contagio todas as pessoas que estão à minha volta.

Rir é o melhor remédio.

## Segurança

Hoje me sinto seguro.

Meu anjo da guarda me envolve e tudo está bem.

Sinto-me confiante para seguir em frente, protegido de tudo o que possa me fazer mal.

# Silêncio

Meu anjo da guarda me convida a ficar em silêncio.

Eu mergulho no meu mundo interior e aprendo a ouvir minha voz interior na forma de pensamentos e sentimentos.

# Sonho

Meus sonhos têm força criativa.

Eu presto atenção às mensagens noturnas dos sonhos, pois por meio delas o meu anjo da guarda se comunica comigo.

Os meus sonhos também são um instrumento de autoconhecimento. Eles me mostram com clareza o que a minha alma anseia.

## Surpresa

A vida sempre me surpreende.

Hoje meu anjo da guarda me traz uma nova surpresa de presente.

Eu caminho aberto e receptivo pela vida.